BRÉVIAIRE

A L'USAGE

DE TOUS LES PEUPLES

BREVIAIRE,

A L'USAGE

DE TOUS LES PEUPLES,

OU

PENSÉES ET MAXIMES

RELATIVES

A LA MORALE, A LA RELIGION ET A LA POLITIQUE,

SUIVI D'UN

PROJET DE CONSTITUTION.

« Il y a deux mille ans que l'on écrit, et deux mille « ans que l'on trompe : poètes, orateurs, histo- « riens, tout a été complice de ce crime. Il y a « peu d'écrivains pour qui l'on n'ait pas à rougir; « il n'y a presque pas un livre où il n'y ait des « mensonges à effacer. Les quatre siècles des « arts, monumens du génie, sont aussi des « monumens de bassesse : qu'il en naisse un « cinquième, et qu'il soit celui de la vérité. »

THOMAS, *Essai sur les Eloges.*

PARIS,

DE L'IMPRIMERIE DE J. G. DENTU,

Rue du Pont de Lodi, n° 3, près le Pont-Neuf.

1814.

A LOUIS XVIII.

SIRE,

Honoré jadis de la bienveillance de LOUIS SEIZE, dont la reconnaissance et la vérité me firent un devoir impérieux de célébrer les vertus; enhardi par vos connaissances vastes et profondes, et plus encore par les maximes libérales et sublimes que j'admire, ainsi que tous les Français, dans vos Proclamations, vos Déclarations et vos Réponses; fort de ma conscience, cette immortelle et céleste voix qui rend l'homme semblable à Dieu même; c'est à ces titres que je vais ouvrir mon ame toute entière à VOTRE MAJESTÉ, avec la franchise d'un vieillard âgé de soixante-huit ans, qui n'aspire à des places d'aucun genre, ni à des emplois d'aucune espèce, et dont tous les vœux se bornent à voir, en mourant, la France libre, heureuse et florissante, sous le règne auguste et bienfaisant de VOTRE MAJESTÉ.

SIRE, surpris, mais satisfait au-delà de toute expression, de ce que des évènemens miraculeux et sans exemple dans les annales de l'histoire, vous avaient enfin réintégré sur le trône de vos illustres ancêtres ; je n'ai cessé depuis ce jour, non moins prospère qu'inattendu, de réfléchir sur les moyens les plus sûrs pour vous maintenir et consolider à jamais sur ce trône où, depuis vingt-deux ans, mes vœux et ceux de tous mes concitoyens vous appelaient à grands cris : l'article 26 du PROJET du nouveau pacte social, m'autorisant à donner connaissance à VOTRE MAJESTÉ des deux moyens dont il s'agit, je n'hésiterai point à prendre la respectueuse liberté de lui en faire part.

Sire, le premier de ces moyens qui s'est offert à ma pensée, est de suivre religieusement les conseils que *Raynal* (1), dans un âge aussi avancé que le mien, donna à Louis seize, votre auguste frère, lors de son avénement au trône; conseils que les Rois vos prédécesseurs n'entendirent jamais de la bouche de leurs courtisans et de leurs ministres; et que, selon toute apparence, Votre Majesté n'entendra pas davantage de la majeure partie des gens qui l'entourent.

Le second conseil, Sire, que j'ose encore me permettre de donner à Votre Majesté, est d'avoir la patience de lire en entier cette brochure, et à laquelle je vous avoue ingénuement que je n'aurais jamais songé, si dans la nuit du 2 au 3 de ce mois, je n'eusse fait un rêve pendant lequel je me figurai voir et entendre Louis seize, votre auguste Frère, qui me disait : « Bon vieil-

(1) Hist. Phil. et Pol., liv. iv.

« lard, dont je me rappelle d'avoir lu, avec « quelqu'intérêt, un ouvrage fort mal écrit, « mais bien pensé ; toi qui, en célébrant mes « vertus, as eu la délicatesse infiniment rare « de garder l'anonyme, pour ôter toute idée « que la flatterie ait pu avoir la moindre part « à tes éloges, et soustraire en même-temps, « à ma connaissance, le nom de son auteur; « puisque la providence a bien voulu, contre « mon attente, que LOUIS-STANISLAS-XA- « VIER, mon Frère, remontât sur un trône, « dont, en bonne justice comme en saine po- « litique, je n'aurais jamais dû descendre, « que par l'ordre de la nature; apprends que « ton bienfaiteur a daigné jeter les yeux sur « toi, pour te charger de la plus honorable « mission que jamais mortel ait remplie sur « la terre : pour t'en acquitter dignement et « sans délai, vas au château des Tuileries, « demande à parler à LOUIS DIX-HUIT, et « dis-lui de ma part : que les lois, la patrie « et la liberté ne seront jamais que des êtres

« de raison et de pures chimères sous son « règne, si par le pacte social il n'existe pas « un mur de séparation entre trois pouvoirs « qui doivent *toujours* se balancer entre eux, « mais sans *jamais* se heurter. — Dis à LOUIS « DIX-HUIT, que la loi doit toujours être « l'expression de la volonté générale ; que la « volonté générale est le Souverain ; et que « la souveraineté n'étant que l'exercice de la « volonté générale, elle ne peut jamais s'alié- « ner. Dis à LOUIS DIX-HUIT qu'il serait au « moins impolitique qu'un Roi qui *dispose* « du trésor de la nation, *commande les armées* « et *assure* l'exécution des lois, pût encore « les *proposer*, *concourir* à leur formation, « les *discuter*, *apposer* son *veto* sur toutes « celles qui contrarieraient ses vues, *convo-* « *quer* le corps législatif, l'*ajourner* et même « le *dissoudre*. — Dis à LOUIS DIX-HUIT que la « Patrie ne peut subsister sans la liberté, ni « la liberté sans la vertu, ni la vertu sans « les citoyens ; qu'il faut donc, avant tout,

« que de bonnes lois, sans lesquelles il ne
« peut y avoir, ni mœurs, ni patrie, ni li-
« berté, forment de bons citoyens; attendu
« que sans cela on n'aura jamais que de mé-
« chans esclaves, à commencer par le pre-
« miers chefs de l'État. —Dis à LOUIS DIX-
« HUIT, si digne, sous tous les rapports,
« d'entendre la vérité; qu'il faut que la Patrie
« se montre la mère commune des citoyens;
« que les avantages dont ils jouissent dans
« leur pays le leur rendent cher; et qu'à cet
« effet le Gouvernement leur laisse assez de
« part dans l'administration publique, pour
« sentir qu'ils sont chez eux! — Dis à LOUIS
« DIX-HUIT, que les citoyens connaissent
« bien mieux les hommes faits, par leurs
« vertus et leurs talens, pour occuper les
« places du royaume, qu'un MONARQUE
« DANS SON PALAIS. — Dis à LOUIS DIX-
« HUIT, qu'il doit incontestablement avoir
« le droit exclusif de nommer les ministres,
« les ambassadeurs, les généraux et les agens

« du trésor public ; mais que les nominations « et les élections de toutes les autres places « du Royaume doivent incontestablement et « sous tous les rapports, être dévolues de « plein droit, aux assemblées primaires et « électorales, dont j'ai été plus que surpris « de voir qu'on n'avait pas dit un *seul* mot « dans le *projet* d'un pacte social, qui a si » justement révolté la France, l'Europe et « le monde entier. — Dis enfin à LOUIS « DIX-HUIT, qu'il n'y a que la mauvaise foi, « le machiavélisme ou la perfidie qui puis- » sent essayer de combattre de pareils prin- « cipes, puisqu'ils sont avoués par la raison, « établis par tous les publicistes anciens et « modernes, et consacrés par les lois de tous « les peuples libres. »

SIRE ; en obéissant aux ordres de LOUIS SEIZE ; votre auguste frère ; je ne me suis pas dissimulé que je m'exposerais immanquablement à la haine et même à la vengeance implacable de certains orgueilleux insatiables de richesses, affamés de pouvoirs et dévorés d'ambition, qui s'embarrassent fort peu que les Empires s'écroulent, et que les Rois périssent écrasés sous leur chûte, pourvu que cinq ou six mois auparavant, ils aïent pu se procurer, *per fas et nefas*, une fortune colossale, et s'enfuir, vingt-quatre heures avant l'effroyable catastrophe, avec leur or et leurs crimes; mais, SIRE, que m'importe, après tout, que ces Prothées perfides, que ces caméléons infâmes, m'immolent à leur ressentiment ? Ah ! n'aurai-je pas assez vécu, puisqu'avant de descendre au tombeau, j'aurai eu l'inexprimable satisfaction d'obéir aux ordres de LOUIS SEIZE, votre auguste frêre, et d'avoir rempli, auprès de VOTRE MAJESTÉ, la plus glorieuse de toutes les missions, et certes, la plus chère à mon cœur.

SIRE; en vous suppliant d'agréer les excuses que je vous dois, pour la liberté que j'ai prise de vous écrire, qu'il me soit permis de vous rappeler, pour la dernière fois, que mes vœux pour votre bonheur sont aussi purs que votre ame est belle, libérale et magnanime ; que mon ardent amour pour la liberté n'affaiblit et ne porte aucune atteinte à celui que la reconnaissance, la justice et les lois m'ordonnent d'avoir pour VOTRE MAJESTÉ ; et qu'enfin, malgré ma vieillesse et les infirmités qui en sont inséparables, je ne m'en estimerais pas moins le plus heureux des hommes ; oui, SIRE, le plus heureux, si, après avoir lu mon projet de constitution, vous décidiez, dans votre sagesse ordinaire, que les lacunes, les imperfections et les vices dont il fourmille, n'empêchent pas VOTRE MAJESTÉ de le regarder comme un des meilleurs et des plus sûrs, pour consacrer tous les droits, tracer tous les devoirs, assurer toutes les existences, garantir notre avenir, enchaîner le despotisme, étouffer l'anarchie, mettre un frein au luxe, épurer les mœurs, récompenser le mérite, honorer la vertu, faire le bonheur de la France, assurer celui du monarque, et lui garantir à jamais, ainsi qu'à ses augustes successeurs, le respect, la reconnaissance et l'amour du peuple français.

Je suis avec un très-profond respect,

SIRE,

De Votre Majesté,

Le très-humble, très-obéissant,
et très-fidèle serviteur,

C. M. R.....

AVERTISSEMENT.

J'INVITE mes concitoyens à ne pas glisser trop légérement sur les observations que je vais avoir l'honneur de soumettre à leurs lumières ; attendu que ce n'est qu'après s'en être bien pénétrés, qu'ils pourront aisément saisir et comprendre les vrais motifs pour lesquels j'ai fait précéder mon *projet* de constitution de quelques principes relatifs à la *morale*, à la *religion* et à la *politique*.

La première de ces observations, et une des plus importantes ; c'est qu'il existe assurément une très-grande différence entre l'ordre hiérarchique des honneurs, et l'ordre hiérarchique des pouvoirs : quant à l'ordre hiérarchique des honneurs, il a toujours été dans mes principes ; et je pense aujourd'hui plus fortement que jamais, qu'on ne saurait, ni avoir trop de déférence pour le roi, ou pouvoir exécutif, ni lui rendre de trop grands honneurs, ni même trop l'entourer, lui et son trône, de tout ce que la grandeur a de plus beau, de plus magnifique et de plus imposant : je crois encore, et toujours par une conséquence du même principes, qu'il conviendrait que, dans les cérémonies, le Roi eut le pas sur les deux autres corps de l'état ; mais, relativement à l'ordre hiérarchique des pouvoirs, je soutiens qu'il faut avoir bien peu réfléchi pour s'imaginer qu'il en doive être de même que pour l'ordre hiérarchique des honneurs. En effet, et ce dilemme me paraît sans replique ; ou le corps législatif est quelque chose en réalité, ou il n'est quelque chose qu'en apparence; c'est-à-dire, ou une ombre à la puissance royale, qu'elle peut faire disparaître à son gré, ou une feuille de chêne que son plus petit souffle peut écarter; ou enfin, et pour mieux me faire entendre, ce que le corps législatif a été en France, pendant quatorze ans, sous le despotisme absolu de Buonaparte, qui ne cessait d'insulter, tour-à-tour, la nation et ses vrais représentans. Or, je suis mon raisonnement, et je dis : si l'on entend, par impossible, que le corps législatif ne soit encore, en 1814, que ce qu'il a été depuis quatorze ans; oh! dans ce cas, je ne saurais trop applaudir au *projet* de la nouvelle constitution, et notamment aux articles 5 et 10 qui attribuent au Roi, ou pouvoir exécutif, le droit de proposer la loi; de concourir à sa formation; d'y apposer son *veto;* de convoquer extraordinairement le corps législatif; de l'ajourner, et même de le dissoudre. Mais comme il faudrait être le plus fou, ou le plus faux des hommes, pour supposer qu'un Roi, qui ne veut régner que par des lois justes, populaires, et à l'ombre d'une constitution libérale et sagement combinée, soit capable de s'investir de pouvoirs monstrueux et révoltans, sous le poids desquels les Rois de Maroc, de Tunis et d'Alger, finiraient, eux-mêmes, par succomber : et que tout s'oppose conséquemment à ce qu'on puisse admettre des hypothèses aussi injurieuses qu'extravagantes ; j'en tire cette induction irrésistible que Louis XVIII, qui a déclaré, depuis le 2 de ce mois, qu'il y avait, dans le *projet* en question, un grand nombre d'articles qu'il était indispensable de rectifier, ne voudra certainement pas que, sous son règne, le corps législatif continue à n'être quelque chose qu'en apparence. Or, pour que le corps législatif puisse être quelque chose en réalité, il faut donc bien nécessairement qu'il soit la première autorité de l'état, quant à l'ordre hiéarchique des pouvoirs, puisqu'il ne peut être *corps législatif* sans être mandataire du peuple ou représentant la nation; puisqu'en sa qualité de mandataire du peuple, ou de représentant la nation, il représente nécessairement le souverain; puisqu'enfin, à tous ces titres, qu'on ne peut raisonnablement lui disputer, il doit faire, comme en Espagne, et dans toutes les véritables monarchies, les lois exclusivement; c'est-à-dire, sans ce déplorable concours qu'a fait introduire, dans l'article 5, la précipitation avec lequel il a été rédigé; concours qui, pour me servir des termes de Montesquieu, n'est propre qu'à enfanter le despotisme et l'anarchie, et à anéantir pour jamais, la liberté politique, civile et individuelle; concours enfin qui ne pourrait s'établir sans occasionner tôt ou tard, et peut-être avant peu, les plus grands malheurs, ainsi que, pendant 23 ans, nous en avons fait la funeste et trop cruelle expérience.

La seconde observation, est que si je me suis déterminé à faire précéder mon *projet* de constitution de quelques pensées relatives à la morale, à la religion et à la politique, c'est parce que tout homme raisonnable ne peut disconvenir que la politique, la religion et la morale, sortent de la même souche; qu'elles sont toutes trois issues du même père; et que si depuis la naissance du monde renouvelé, on les a rarement vu marcher ensemble, c'est parce que depuis six mille ans ou environ, les théocrates et les despotes se sont constamment coalisés et presque toujours avec le plus horrible succès, pour les désunir et les séparer de la manière, hélas! la moins rapprochable et la plus désastreuse.

La troisième, qu'il me semble que tous nos législateurs, sans excepter ceux de la constituante, auraient dû commencer leurs constitutions par la déclaration des devoirs de l'homme, et non par celle des droits; attendu que le seul moyen, peut-être, de jouir de nos droits et de les exercer dignement dans la société, est de commencer par bien connaître et pratiquer les devoirs que nous avons à y remplir, et que c'est par ce motif de considération, que, dans notre pacte social, la déclaration des devoirs du citoyen y précède celle des droits de l'homme.

La quatrième, qu'une foule de gens qui depuis 1793 jusqu'au 30 mars 1814, n'avaient cessé, un seul jour, de dire dans tous les cercles, et de publier dans tous les carrefours,

Bonaparte est un dieu descendu sur la terre ;

courrent aujourd'hui à perdre haleine et s'exposent, à chaque heure du jour, à gagner une fluxion de poitrine, ou tout au moins un enrouement des plus considérables, à force de crier

Bonaparte est un monstre échappé des enfers.

La cinquième, que les mêmes gens que je viens de signaler, et qui certes, sont bien plus nombreux qu'on ne pense, jettent encore feu et flamme contre moi, parce que dans une note reléguée à la fin d'une petite brochure (1) que j'ai publiée le 29 du mois dernier, j'y ai qualifié d'homme *extraordinaire* celui que dans l'espace de vingt-quatre heures, ils ont eux-mêmes traité, tour-à-tour, de *dieu* descendu sur la terre et de *monstre* échappé des enfers.

La sixième, que loin de m'être rendu coupable aux yeux de toute personne impartiale et juste, je crois au contraire m'être acquis des droits à son estime; puisqu'après avoir dit, page 32, que *Buonaparte se faisait un jeu de violer les lois, fouler aux pieds les droits du peuple, détruire les constitutions libérales, écraser ses sujets d'impôts, et faire périr des millions*

---

(1) Elle se trouve chez J. G. Dentu, imprimeur-libraire, rue du Pont de Lodi, n° 3; et au Palais-Royal, galerie de bois, nos 265 et 266.

de braves soldats, j'ai ajouté, page 34, « si l'histoire de notre dernière révo« lution est écrite par un vrai philo« sophe, nos descendans y liront sans « doute que l'orgueil, l'ambition et le « despotisme de Buonaparte ont causé « pendant quinze ans les malheurs de « la France; mais ils y apprendront « aussi, qu'il n'a jamais existé de « mortel plus *extraordinaire* que lui, « sous les rapports de la valeur, de « l'audace, de la force du sang froid, « de l'imperturbabilité, de la mé« moire, de la pénétration, de l'ac« tivité et du zèle (1). »

La septième, que d'autres indi-

(1) Quoique Buonaparte, mécontent des conseils que je lui avais donné en 1802, ait eu l'injustice de m'en punir, en réduisant à 163 accordés, à titre de secours, une pension de 1000 francs, dont Louis XVI avait bien voulu me bréveter en 1786, et qu'il m'ait réduit à la presqu'indigence; j'ai cru que je n'en devais pas moins être juste et véridique à son égard, soit en mal, soit en bien.

vidus, moins légers peut-être que mes premiers accusateurs, mais qui pourraient fort bien être au fond un peu plus verreux, m'ont aussi fait un crime irrémissible, de m'être expliqué, pages 16, 17 et 18, en ces termes : « le corps sénatorial n'étant composé « que de citoyens recommandables « par les services éminens qu'ils « ont rendus ; il est juste d'en main- « tenir tous les membres dans leurs « fonctions » ; et d'avoir ajouté de suite et à la même page, « malgré les dia- « tribes dont on m'a assuré que le sé- « nat devait être l'objet avant peu ; je « n'en serai pas moins le très-sincère « admirateur de plusieurs de ses mem- « bres, et notamment de M. V. » Que les gens qui ont paru si scandalisés de la justice que j'ai rendue à quelques membres du sénat, à qui je n'ai jamais parlé, que je n'ai jamais vus, à l'exception d'un seul, et dont j'ignorerais jusqu'aux noms, s'ils ne les eussent déclinés, en tête de leurs excellens ouvrages; que ces gens là, dis-je, apprennent que mon opinion sur les choses, sur les évènemens, et sur les hommes, peut être erronée, car je n'ai pas le sot orgueil de me croire infaillible; mais au moins qu'elle n'est jamais partiale, attendu que je n'attends rien des hommes, que je ne veux rien d'eux; et que ma seule ambition se borne à avoir, s'il est possible, de bonnes et véritables lois constitutionnelles et fondamentales, qui puissent, enfin, faire le bonheur de mes concitoyens, et en garantir la plus longue durée à Louis XVIII et à ses augustes successeurs.

La huitième, qu'on peut regarder comme un corrollaire de la précédente, est qu'il n'appartient peut-être qu'à ces espèces de foux (dont l'extravagance toutefois n'a rien de redoutable pour la société), d'être absolument inaccessibles à l'espérance et à la crainte, c'est-à-dire supérieurs à l'infortune et à la mort; d'apprécier à leur juste valeur, la vie, les richesses, et toutes les dignités de ce bas monde; de voir, sous leur véritable aspect, l'intérêt des hommes et celui des sociétés; de s'instruire par les siècles et d'éclairer le sien; de distribuer sur la terre la gloire et la honte, et de faire ce partage comme Dieu et la conscience le feraient (1).

(1) Hommes de lettres qui par faiblesse, ou plutôt par crainte, avez constamment encensé *Buonaparte*, dans tous vos ouvrages, ou mépris de la vérité et contre votre conscience, apprenez de moi, ou plutôt de l'éloquent, vertueux et digne ami de M. *Ducis*, dont je vais emprunter les ingénieuses et philosophiques expressions; apprenez, dis-je, que le génie n'est pas fait, pour recourir à l'imposture et flagorner les despotes; qu'il a en lui même je ne sais quoi qui s'indigne d'une

La neuvième, que si je ne me permets aujourd'hui aucunes réflexions sur le projet du nouveau pacte social, c'est d'abord parce que Louis XVIII, notre auguste monarque, a reconnu et déclaré formellement, le 2 de ce mois, que ce projet renfermait un grand nombre d'articles qu'il est indispensable de rectifier; c'est, en second lieu, parce qu'un écrivain, aussi recommandable par ses vertus et son génie, que par son éloquence et ses lumières, a combattu, à toute outrance, les articles en question, dans une brochure publiée dans les premiers jours

faiblesse, et que sa grandeur ne peut s'affaiblir sans remords; apprenez que chaque ligne que vous écrivez ne s'effacera plus; montrez-là donc davance à la postérité, qui vous lira, et tremblez qu'après avoir lu, elle ne détourne son regard avec mépris; apprenez enfin qu'il faut que chacune de vos paroles soit sacrée; que votre silence même inspire le respect et ressemble quelquefois à la justice.

du mois dernier; brochure où l'auteur a décliné une multitude innombrable de principes libéraux, et qui se trouvent en harmonie parfaite avec ceux de notre auguste monarque; brochure enfin qui a enlevé le suffrage des citoyens de tout rang, de tout état et de toute profession; si l'on en excepte toutefois, quelques personnes trop faciles à deviner, et sur-tout un vertueux et respectable prêtre, homme plein d'esprit et de connaissances, écrivant aussi bien que défunt M. l'abbé *Geoffroi;* mais, hélas! qu'on ne saurait trop plaindre, s'il est vrai que le seul aspect de cette brochure suffise pour occasionner à ce malheureux des tremblemens et des convulsions qui offrent, à ce que l'on assure, tous les symptômes de la démence, de la fureur, et même de la rage.

La dixième et dernière observation,

est que je passerais, à juste titre, pour le plus présomptueux et le plus sot des hommes, si je ne proclamais pas hautement que les pensées *morales*, *religieuses* et *politiques*, qui précédent le projet de mon pacte social, sont, en grande partie, extraites des meilleurs ouvrages de nos écrivains anciens et modernes, tant sacrés que profanes.

MAXIMES ET PENSÉES

SUR

LA MORALE, LA RELIGION ET LA POLITIQUE.

MORALE.

Au tribunal de la philosophie et de la raison, la morale est une science dont l'objet est la conservation et le bonheur de l'espèce humaine; c'est à ce double but que ses règles doivent se rapporter.

La première et la plus sacrée des lois que la nature impose à l'homme, c'est d'être juste; ne faisons donc jamais à autrui que ce que nous voudrions qui nous fût fait à nous-mêmes; et s'il plaît à la fortune de nous combler de ses faveurs, rappelons-nous sans cesse que l'honnête pauvreté n'a d'autre patrimoine que les trésors de la vertueuse opulence.

Nous voulons être heureux; c'est notre premier désir et le seul qui ne nous quitte jamais; mais où est le bonheur, et en quoi peut-il consister, si ce n'est dans la pratique des vertus ?

Vertu ! science sublime des ames simples ; tes principes sont gravés dans tous les cœurs. Pour apprendre tes lois, il suffit de rentrer en soi-même, et d'écouter la voix de la conscience dans le silence des passions.

La conscience est la voix de l'ame ; les passions sont la voix du corps ; est-il étonnant que ces deux langages se contredisent presque toujours? Et alors lequel des deux faut-il écouter? Trop souvent la raison nous trompe ; nous n'avons que trop acquis le droit de la récuser ; mais la conscience ne trompe jamais ; elle est à l'ame ce que l'existence est au corps ; qui la suit obéit à la nature, et ne craint pas de s'égarer.

Une vie sobre, modérée, simple, exempte d'inquiétudes et de passions, réglée et laborieuse, retient dans les membres d'un homme sage, la vive jeunesse, qui, sans ces précautions, est toujours prête à nous échapper.

Le temps perd pour nous sa mesure quand nos passions veulent régler son cours ; l'horloge du sage, est l'égalité d'humeur et la paix de l'ame.

La sagesse consiste à mettre un frein à ses désirs et à régler ses passions.

L'amour est privé de son plus grand charme quand l'honnêteté l'abandonne.

L'homme n'est pas fait pour le célibat; et il est bien difficile qu'un état si contraire à la nature, n'amène pas quelque désordre public ou caché; le moyen d'échapper toujours à l'ennemi qu'on porte avec soi!

Le mariage est la première et la plus sainte institution de la nature.

L'amour des pères et mères pour leurs enfans, et des enfans pour leurs pères et mères; l'amour des frères et sœurs; l'amour des époux; l'amour des lois, de la patrie, de la liberté; l'amour de la justice; l'amour de l'honneur; l'amour de la gloire; l'amour du travail; la tempérance, la sobriété, la reconnaissance, une louable émulation, l'admiration, la pitié, la bienveillance, la bonté, la générosité, sont des passions vertueuses.

La paresse, la pusillanimité, légoïsme, l'intempérance, la gourmandise, l'envie, l'orgueil, la colère, la haine et la vengeance sont des passions honteuses, et d'autant plus funestes à ceux qui ont le malheur d'en être atteints, qu'elles les rendent toujours inquiets, malades, chagrins, superstitieux, vains, ingrats, avares, présomptueux, médisans, calomniateurs, menteurs, méchans et cruels.

L'amour-propre est le plus terrible et le plus dangereux de nos ennemis.

L'envie fait, sur le cœur de l'homme, ce que la rouille fait sur le fer.

L'ambition est un vautour attaché au cœur de tous les mortels, et qui les dévore sans cesse; un philosophe peut les regarder comme autant de Prométhées.

L'ame vile et rampante de l'hypocrite est semblable à un cadavre, où l'on ne retrouve plus ni feu, ni chaleur, ni vie.

Le remords est la seule douleur de l'ame que le temps et la réflexion n'adoucissent jamais.

C'est avec les armes de la raison qu'on triomphe de l'adversité, quand on a toutefois le cœur pur.

La plupart des hommes ne sont malheureux que parce qu'ils dédaignent, avec stupidité, le bonheur que la nature a mis sous leurs mains, pour courir après les chimères que leur présentent leurs passions; ils cherchent avec peine, et loin d'eux, ce qu'ils trouveraient sûrement au dedans d'eux-mêmes, s'ils voulaient connaître le prix de la médiocrité.

Il ne dépend pas de nous d'avoir des richesses et de vivre dans l'abondance; mais il est toujours en notre pouvoir d'adoucir les rigueurs de l'infortune, par la résignation et la patience.

Il n'y a pour l'homme qu'un vrai malheur, qui est de se trouver en faute, et d'avoir quelque chose à se reprocher. Mortel, qui que tu sois, veux-tu être aussi heureux que possible? Oui sans doute, me répondras-tu; eh bien! je vais t'en indiquer les principaux moyens:

Que l'humanité sensible t'intéresse au sort de ton semblable; que ton cœur s'attendrisse sur les infortunes des autres; que ta main généreuse s'ouvre pour secourir le malheureux que son destin accable; songe qu'il peut un jour t'accabler ainsi que lui; reconnais donc que tout infortuné a droit à tes bienfaits; essuie sur-tout les pleurs de l'innocence opprimée; que les larmes de la vertu dans la détresse, soient recueillies dans ton sein; que la douce chaleur de l'amitié sincère échauffe ton cœur honnête; que l'estime d'une compagne chérie te fasse oublier les peines de la vie; sois fidèle à sa tendresse; qu'elle soit fidèle à la tienne; que sous les yeux de parens unis et vertueux, tes enfans apprennent la vertu; sois juste, parce que l'équité est le soutien du genre humain; sois bon, parce que la bonté enchaîne tous les cœurs; sois indulgent, parce que faible toi-même, tu vis avec des êtres aussi faibles que toi; sois doux, parce que la douceur attire l'affection; sois reconnaissant, parce que la reconnaissance alimente et nourrit la bonté; sois modeste, parce que l'orgueil révolte des êtres épris d'eux-mêmes; pardonne les injures, parce que la vengeance éternise les haines; fais du bien à celui qui t'outrage, afin de te montrer plus grand que lui, et de t'en faire un ami; sois retenu, tempéré, chaste, parce que la volupté, l'intempérance et les excès détruiront ton être et te rendront méprisable.

Sois citoyen, parce que ta patrie est nécessaire à ta sûreté, à tes plaisirs, à ton bien-être. Sois fidèle et soumis à l'autorité légitime, parce qu'elle est nécessaire au maintien de la société qui t'est nécessaire à toi-même. Obéis aux lois, parce qu'elles sont l'expression de la volonté publique, à laquelle ta volonté particulière doit être subordonnée. Défends ton pays, parce que c'est lui qui te rend heureux, et qui renferme tes biens, ainsi que tous les êtres les plus chers à ton cœur : si ton injuste patrie te refuse le bonheur; si, soumise au pouvoir tyrannique, elle souffre qu'on t'opprime, éloigne-toi d'elle en silence, et ne la trouble jamais.

Si tu as le malheur de perdre un père, une mère, une épouse, un fils, un ami; certes, rien au monde n'est plus naturel que d'être affecté de leur trépas; mais il y aurait de la faiblesse à ne pas mettre un terme à ta douleur.

Pour peu que dans le cours de la vie, tu aies été assez raisonnable pour réfléchir sur la mort, au-lieu de l'envisager avec effroi, tu la regarderas sans doute, comme une des plus belles inventions de la nature; puisqu'en nous préservant des infirmités de la vieillesse, elle nous affranchit pour jamais des inquiétudes, des peines et des chagrins attachés à la vie, et inséparables de la condition humaine.

RELIGION.

Il est un Être suprême ; et certes il faudrait être bien aveugle, bien fou ou bien pervers, pour en douter ; puisque l'éclat éblouissant des astres, leur marche régulière, l'organisation des corps, l'ordre et l'harmonie des mondes, attestent et proclament, de concert, son existence et sa gloire.

Si l'on n'eût écouté que ce que Dieu dit au cœur de l'homme, il n'y aurait eu qu'une seule (1) religion sur la terre.

(1) La multitude innombrable de religions qu'on professe, de l'extrémité d'un pôle à l'autre, se réduisent, en dernière analyse, aux trois que voici : celle de l'*homme*, celle du *citoyen* et celle du *théocrate*. La première, sans temples, sans autels, sans rites, bornée au culte purement intérieur de l'Être suprême, et aux devoirs éternels de la morale, est le vrai *théisme*, et ce qu'on peut appeler le *droit divin naturel*. La seconde, inscrite dans un seul pays, lui donne ses dieux, ses patrons

Dieu veut être adoré en esprit et en vérité: ce devoir est de toutes les religions, de tous les pays, de tous les hommes.

Le culte que demande l'Etre Suprême est celui du cœur ; et celui-là, quand il est sincère, est toujours uniforme.

Des cœurs aussi vertueux et aussi purs que ceux d'un Louis XII, d'un Louis XVI, d'un Ganganelli et d'un Pie VII, sont les vrais temples de la Divinité.

---

propres et tutélaires ; elle a ses dogmes et ses rites, son culte extérieur prescrit par des lois : hors la seule nation qui la suit, tout est pour elle étranger, barbare, infidèle ; elle n'étend les devoirs et les droits de l'homme, qu'aussi loin que ses autels. Telles furent et sont encore aujourd'hui, les religions de la presque universalité du globe ; religions auxquelles il convient de donner le nom de *droit civil positif*. La troisième et dernière est celle qui, en donnant aux hommes deux législations, deux chefs deux patries, les soumet à des devoirs contradictoires, et les empêche évidemment de pouvoir être à-la-fois dévots et citoyens. Telle est la religion des lamas, des Japonais et autres peuples très-voisins de nos contrées européennes, de laquelle il résulte une sorte de *droit mixte et contradictoire*, évidemment préjudiciable aux peuples qui les régit ; puisqu'il rompt l'unité sociale, et que toute institution qui met l'homme en contradiction avec lui-même ne vaut rien.

De toutes les religions du monde, il n'en est pas de plus simple et de moins mystérieuse que celle du grand et divin législateur qui parut au commencement de l'ère vulgaire : *Adore Dieu, observe les lois, aime ton prochain ;* voilà les seuls dogmes qu'il prêcha jusqu'au moment de son affreux supplice (1).

La religion se persuade et ne se commande

---

(1) Esclaves de l'Asie, citoyens de l'Europe, nègres, albinos, nains du cercle polaire, géans des terres magellaniques ; vous tous habitans de ce globe, de tout pays, de toute taille et de toute couleur, qui m'êtes infiniment chers, et que je voudrais savoir heureux et libres ; ah! puissiez-vous être réunis bientôt sous la loi de ce philantrope, homme et dieu tout à-la-fois ; ce sage qui s'isola long-temps dans une retraite profonde, ignoré des rois, mais occupé à faire mûrir dans sa tête le plan de sa nouvelle législation ; ce sage qui fut l'apôtre de la tolérance, accueillit les polythéistes, excusa les erreurs et pardonna les faiblesses ; ce sage qui prêcha et pratiqua sans cesse la morale de la nature, et dont la vie fut un cercle continuel de bienfaits ; ce sage, qui devenu odieux au fanatisme par le spectacle de sa vertu, termina sa carrière par le dernier supplice des esclaves, et dont la mort, plus héroïque que celle de Socrate, à cause de l'opprobre qui l'accompagna, fut aussi plus rigoureuse que celle de Régulus, sans être plus utile au genre humain.

pas : c'est une vérité si simple que les apôtres même de l'intolérance n'osent la désavouer ; lorsque la passion ou le préjugé féroce cesse d'offusquer leur raison.

Les annales de l'histoire ancienne et moderne nous attestent que la religion n'a que trop souvent, hélas ! servi de masque à l'intérêt, et de sauve-garde à l'hypocrisie.

Pourquoi faut-il que la religion donnée aux hommes pour les unir et les rendre meilleurs, en ait métamorphosé des millions en cannibales ou en martyrs.

Les prêtres de toutes les religions et les ministres de tous les cultes, ont des droits à la reconnaissance, à l'estime et même à la vénération publique, lorsqu'ils prêchent une morale aussi pure et aussi facile à comprendre que celle de Jésus, cet admirable et divin législateur. Mais, lorsque dans l'espoir de souffler le feu de la discorde et de faire ruisseler des flots de sang, ils cherchent et parviennent à insinuer dans l'esprit de gens crédules ou superstitieux, que le grand architecte de l'univers a conféré à leur *Lama*, leur *Bagdar*, etc. etc. etc., le droit d'anathématiser les peuples et d'excommunier les rois : on ne doit plus les regarder alors que comme les ennemis des empires, et les plus exécrables fléaux de l'espèce humaine.

L'audacieux insensé qui prêche publiquement l'athéisme, est bien coupable sans doute ; mais des hommes tout aussi criminels et mille fois plus dangereux encore, sont tous ces caffards, qui, couvrant d'abord leur miéleux patelinage d'une hypocrite douceur, ne cherchent, dès qu'ils croyent en avoir le pouvoir sous un Roi superstieux ou fanatique, qu'à répandre leurs dogmes intolérans et barbares.

L'intolérance est une mine toujours chargée sous le trône, que le moindre mécontentement ecclésiastique suffit pour faire éclater ; et dont une expérience de dix-huit siècles a dû vaincre tous les Rois de l'un et l'autre hémisphère, qu'ils auront continuellement à craindre l'horrible et sanglante explosion, tant que la chaire du saint porteur des clefs du paradis, ne sera pas occupée par des Jean XXII, des Ganganelli et des Pie VII.

POLITIQUE.

Ce ne sont ni les murs, ni les hommes qui font la patrie, ce sont les lois, les mœurs, les coutumes, le gouvernement, la manière d'être qui résulte de tout cela : la patrie est dans la relation de l'état à ses membres. Quand ces relations changent ou s'évanouissent, la patrie disparaît.

Vouloir que les citoyens soient échauffés de l'amour de la patrie, et qu'ils voient en silence les malheurs qu'occasionne une législation précipitée, mauvaise et plus que monarchique; c'est exiger d'un avare qu'il ne crie pas au voleur, quand on lui enlève sa casette.

Exercer une autorité sans bornes, et ne faire jamais que le bien, est un de ces prodiges qu'on n'a point encore vus, et que selon toute apparence, on ne verra jamais.

Le pouvoir arbitraire est un enfant sans prévoyance, qui sacrifice sans cesse l'avenir au présent.

Il est inutile de faire des lois pour ordonner aux citoyens d'être justes, désintéressés et bienfaisans; quand on en présente en même temps de *précipitées*, et qui ne sont propres en dernière analyse, qu'à exciter l'égoïsme, la vanité, l'ambition et l'avarice d'une poignée d'individus, plus méprisables les uns que les autres.

Les vertus et les vices d'un peuple sont toujours l'effet de sa législation : s'il a des lois justes, sagement combinés, en rapport avec les lumières actuelles; et telles, en un mot, que l'Empereur de toutes les Russies, Louis XVIII, roi de France, et Monsieur son auguste frère, ne cessent de les provoquer, depuis le premier du mois dernier; oh! certes, le peuple sera vertueux : mais s'il a des lois vicieuses, abusives et déplorables par l'effet de la précipitation ou par d'autres causes, il sera avili, malheureux et toujours prêt à se livrer à toutes sortes de brigandages.

Lorsque les yeux du législateur se porteront enfin sur les loteries, il apercevra, dans un instant, que cette invention (aussi déplorable que celle des *concours*, des *veto*, ou des *sanctions*), choque tous les principes de la morale au même degré ; viole toutes les proportions de l'arithmétique honnête, frappe le peuple dont les mœurs et la subsistance sont également menacées, détruit le goût du travail, introduit la fraude, l'infidélité, et finalement engendre les vols, les assassinats et les forfaits de toute espèce.

La liberté est le premier bonheur et la seule gloire de l'ordre social.

La liberté ne consiste pas à faire ce qu'on veut, mais ce qui est honnête, juste et conforme à la loi proprement dite ; c'est-à-dire faite sans précipitation, sans concours, et de manière, en un mot, à exprimer, non pas en apparence, mais en réalité, la volonté générale.

On a prétendu que nous étions tous égaux ; cela n'est pas : il n'y a réellement qu'une sorte d'égalité qui dépend de l'homme, c'est celle des vertus.

L'égalité est une chimère si absurde, qu'elle ne pourait pas même se réaliser par le renversement absolu des liens sociaux.

Il y a entre les hommes une inégalité originelle qu'on chercherait envain à détruire; elle a toujours existé, et il faut qu'elle dure éternellement. Tout ce qu'on peut obtenir de la meilleure législation, c'est d'empêcher les abus de l'inégalité, et d'en adoucir les rigueurs, en procurant des secours aux malheureux hors d'état de vivre de leur travail.

La meilleure, et la plus sage de toutes les lois, est celle qui promet à chacun la propriété de ses biens et de sa liberté.

Ceux qui ont dans leurs mains les lois pour gouverner les peuples, doivent toujours se laisser gouverner par les lois; car c'est la loi et non l'homme qui doit régner.

Tous les publicistes nous enseignent, et l'expérience nous a convaincus, que le chef du gouvernement ne doit jamais, et dans aucun cas, proposer des lois, et encore moins concourir à leur formation et les annihiler s'il le juge à propos; parce que, fût-il aussi juste qu'Aristote, aussi sage que Caton, aussi vertueux que Louis XVIII, il ne pourrait empêcher que des vues particulières ne lui dictassent la majeure partie de ces mêmes lois dont il doit uniquement se borner à assurer l'exécution.

La récompense, la punition, la gloire et

l'infamie, soumises aux volontés des premiers dépositaires de l'autorité publique, sont les quatre espèces de divinités avec lesquelles ils peuvent toujours opérer le bien public, et créer des hommes illustres dans tous les genres.

PROJET
D'UNE CONSTITUTION,

FONDÉE

SUR LA MORALE, LA RELIGION ET LA POLITIQUE.

DÉCLARATION

DES

DEVOIRS DU CITOYEN ET DES DROITS DE L'HOMME.

Le peuple français proclame, en présence du suprême ordonnateur des mondes, la déclaration dont la teneur suit :

DEVOIRS.

ART. I. Les devoirs de l'homme et du citoyen dérivent de ces deux principes gravés par la nature dans tous les cœurs. « Ne « faites pas à autrui ce que vous ne voudriez

« pas qu'on vous fît. — Faites constamment « aux autres le bien que vous voudriez en « recevoir. »

2. Nul n'est bon citoyen, s'il n'est bon fils, bon frère, bon père, bon ami, bon époux.

3. Nul n'est homme de bien, s'il n'est religieusement et franchement observateur des lois.

4. Celui qui viole ouvertement les lois, se déclare en état de guerre avec la société: Celui qui, sans enfreindre ouvertement les lois, les élude par ruse ou par adresse, blesse les intérêts de tous; il se rend indigne de leur bienveillance et de leur estime.

5. Tout citoyen doit ses services à la patrie, et au maintien de la liberté et de la propriété, toutes les fois que ses devoirs l'appellent à les defendre.

DROITS.

ART. 1. Les droits de l'homme sont : la liberté, la sûreté et la propriété.

2. Chaque citoyen a un droit égal de concourir immédiatement ou médiatement à la formation de la loi et à la nomination des représentans du peuple et des fonctionnaires publics.

3. La garantie nationale ne peut exister si la division des pouvoirs législatif, exécutif et censorial ou sénatorial, n'est pas expressément décrétée, si leurs limites ne sont pas fixées, et si la responsabilité des fonctionnaires publics n'est pas assurée.

CONSTITUTION.

ART. 1. Le peuple français est libre, indépendant, et ne peut être le patrimoine d'aucune famille, ni d'aucun individu.

2. Il est souverain, et a, en conséquence, le droit de faire exclusivement ses lois, ou par lui ou par ses représentans.

3. La souveraineté du peuple français réside dans l'universalité des citoyens.

4. Le gouvernement français est monarchique et héréditaire de mâle en mâle, par ordre de primogéniture.

5. Le peuple français rappelle librement au trône de France, LOUIS-STANISLAS-XAVIER DE FRANCE, frère du dernier roi, et après lui les autres membres de la maison de Bourbon, dans l'ordre ancien.

TITRE PREMIER.

Division du territoire.

6. Le royaume de France est distribué en . . . . préfectures.

7. Ces préfectures sont : . . . .

8. Chaque préfecture est distribuée en sous-préfectures; chaque sous-préfecture en chaque canton, et chaque canton en communes.

TITRE II.

État politique des citoyens.

9. Tout homme né et résidant sur le territoire de France, âgé de vingt-ans accomplis, est citoyen, et admis en cette qualité, à en exercer les droits; à moins qu'il n'ait été condamnés à des peines afflictives ou infamantes, ou qu'il ne soit en état d'interdiction judicaire, d'accusation, de contumace, de banqueroute ou de faillite.

TITRE III.

Assemblées primaires.

10. Les assemblées primaires se composent des citoyens domiciliés dans le même canton.

11. Tous les citoyens se réunissent le premier mars de chaque année; 1° pour s'expliquer expressément sur les articles du pacte social dont l'expérience aura fait sentir les inconvéniens, les vices et les dangers; sans toutefois que cette explication puisse avoir trait en aucune manière, ni sous quelque prétexte que ce soit, aux articles 4, 5, 21, 28, 29 et 84, qui seront toujours intacts et sacrés, ainsi que la personne du monarque et celles des princes de la famille royale et des princes du sang (1); 2° pour procéder à la nomination des électeurs du juge-de-paix, de ses deux assesseurs et des officiers municipaux de chaque canton.

TITRE IV.

Assemblées électorales.

12. Deux mois après la tenue des assemblées primaires les électeurs sont convoqués, de plein droit, pour élire 1°, les commissaires ou représentans de la nation députés au corps-législatif; 2°, les membres de la haute cour ou tribunal suprême de justice; 3°, les membres de la cour de cassation; 4°, les préfets et

sous-préfets; 5°, les présidens, accusateurs publics et greffiers des tribunaux civils.

TITRE V.

Pouvoir législatif.

13. Le corps législatif est un, indivisible, et composé d'un nombre de représentans égal à celui des préfectures.

14. Sa session est de deux ans.

15. Il se réunit le premier juillet.

16. Il abroge, conserve ou modifie la constitution, d'après le recensement de la majorité des votes des assemblées primaires de chaque canton.

17. Il ne peut s'ajourner dans aucun cas.

18. Il lui est expressément défendu de proroger la durée de ses pouvoirs, sous quelque prétexte que ce soit.

19. Il lui est pareillement interdit de porter la moindre atteinte directe ou indirecte, expresse ou implicite au pacte social, sous peine du crime de lèze-nation.

19. Dans le cas d'infraction aux trois articles précédens, et où le sénat n'aurait pas exercé le pouvoir censorial qui lui est attribué par

l'article 32 subséquent, ou bien encore, que l'interposition de son autorité n'aurait produit aucun effet, tous les citoyens ont le droit de se réunir sur-le-champ en assemblées primaires, et de nommer aussitôt des électeurs, soit pour procéder par remplacement à la nomination des membres du corps législatif de leur préfecture, soit pour faire arrêter et traduire par-devant la haute-cour de justice, les ex-députés prévaricateurs et criminels de lèze-nation, ainsi que les sénateurs qui n'auraient pas fait usage de leurs droits et attributions, soit enfin pour maintenir provisoirement, et jusqu'à l'époque de la prochaine ouverture des assemblées primaires, le pacte social par tous les moyens que dictent en pareilles circonstances, le patriotisme, la prudence et le courage.

TITRE VI.

Pouvoir exécutif.

20. Le pouvoir exécutif appartient au roi.

21. La personne du roi est inviolable et sacrée.

22. Le roi ne peut dans aucun cas être ré-

puté coupable des malversations, fautes et délits dont ses ministres peuvent se rendre coupables envers l'Etat ou les citoyens.

23. Il surveille et assure l'exécution des lois dans les administrations et les tribunaux, par des commissaires à la nomination du peuple.

24. Il nomme les ministres, les ambassadeurs, les généraux, les agens du trésor public, et les révoque même à volonté; mais par provision seulement, et jusqu'à ce que le corps législatif ait décidé par un décret, si la révocation a été justement ou injustement ordonnée : quant aux conseillers d'état, le roi a également le droit de les nommer, mais sur les présentations des députés au corps législatif.

25. Il dirige les recettes et dépenses de l'Etat, pourvoit à sa sureté intérieure et extérieure, entretient les relations publiques au dehors, et fait les stipulations préliminaires, après en avoir déféré au corps législatif : quant aux traités définitifs de paix, d'alliance, de trève, de neutralité de commerce, et autres conventions, il ne peut les conclure et les arrêter qu'en vertu d'un décret du corps législatif.

TITRE VII.

Pouvoir censorial ou sénatorial.

26. Le pouvoir censorial est délégué au corps du sénat conservateur.

27. Il y a cent cinquante sénateurs au moins et deux cent cinquante au plus.

28. Les princes de la famille royale et les princes du sang sont de droit membres du sénat.

29. Leurs personnes sont inviolables et sacrées, ainsi que celle du roi : ils ne peuvent être traduits par-devant la haute cour, dans aucun cas, ni sous aucun prétexte.

30. On ne peut exercer les fonctions de sénateur qu'après avoir atteint la majorité.

31. Les fonctions de sénateurs sont à vie.

32. Elles consistent à garder le dépôt du pacte social et de toutes les lois, et à s'opposer, non-seulement à ce qu'il n'y soit porté aucune atteinte, mais encore à ce que le pouvoir législatif et le pouvoir exécutif ne puissent, dans aucun cas, empiéter sur leurs droits, attributions et priviléges respectifs.

33. Les peines portées par l'article 19, leur sont applicables, s'ils s'abstiennent de remplir les fonctions qui leur sont attribuées par l'article précédent.

TITRE VIII.

Corps administratifs et Municipaux.

34. Il y a dans chaque préfecture une administration centrale ; dans chaque sous-préfecture, une administration sous-préfecturale ; et dans chaque canton, une administration municipale.

34. Il y a dans chaque commune, dont la population est inférieure à cinq mille habitans, un agent municipal et un adjoint.

35. La réunion des agens municipaux forme la municipalité de chaque canton.

TITRE IX.

Justice civile et criminelle.

36. Il y a un juge de paix et deux assesseurs pour chaque canton.

37. Indépendamment des tribunaux parti-

culiers pour le commerce de terre et de mer, il y a un tribunal criminel et un tribunal civil par chaque préfecture.

38. Il y a pour tout le royaume, une cour de cassation qui annulle, quand il y a lieu, les jugemens rendus sur des procédures dans lesquelles les formes ont été violées, ou qui contiennent quelque contravention expresse à la loi ; renvoie le fond du procès au tribunal qui doit en connaître, et fixe les indemnités dans les cas prévus par l'art. 42.

39. Il y a dans la capitale du royaume un tribunal suprême ou haute cour de justice, pour statuer et prononcer sur les accusations admises, par les électeurs, contre les représentans du peuple et les sénateurs qui se sont rendus coupables du crime de lèze-nation.

40. En matière de délit emportant peine afflictive ou infâmante, nulle personne ne peut être jugée que par une accusation admise par des jurés.

41. Un premier jury déclare si l'accusation doit être admise ou rejetée : le fait est reconnu par un second jury, et la peine déterminée par la loi, appliquée par le tribunal criminel.

42. En matière civile, les juges sont garans et responsables de toutes pertes, dépens,

dommages et intérêts envers les parties contre lesquelles ils ont, par ignorance, par prévention, par méchanceté, ou autrement, rendu des jugemens ou prononcé des sentences au mépris et contre le vœu de la loi.

TITRE X.

Contributions publiques.

43. Les contributions sont de trois sortes: foncière, personnelle et philantropique.

44. Le corps législatif peut élever le montant des deux premiers impôts, à telle somme qu'il juge convenable ; mais il lui est défendu de créer d'autres subsides que ceux dénommés en l'article précédent.

45. Tout citoyen imposé sur le rôle des contributions foncière ou personnelle, et qui, à quelque titre que ce soit, jouit d'un revenu réel ou présumé de 1000 francs et plus, est porté de plein droit sur le rôle de la contribution philantropique, et imposé, en sus de ses côtes foncière ou personnelle, dans la proportion suivante; savoir : un trentième depuis 1,000 jusqu'à 3,000 fr.; un vingtième depuis 3,000 jusqu'à 5,000 fr. ; un quinzième

depuis 5,000 jusqu'à 10,000 fr. ; et finalement un septième depuis 10,000 jusqu'à 100,000 fr. et plus.

46. Le montant de la contribution philantropique est spécialement consacré au soulagement de l'humanité souffrante et malheureuse, et à l'acquittement de la dette publique.

TITRE XI.

Trésor royal.

47. Une commission de comptabilité règle et vérifie les comptes des recettes et dépenses de l'état.

48. Les agens qui composent cette commission, sont choisis par le roi, conformément et en vertu de l'article 24, et surveillés par des commissaires nommés par le corps législatif, mais pris hors de son sein.

49. Le 1er janvier de chaque année, ces agens sont tenus de faire imprimer un tableau général et détaillé des recettes et dépenses de l'état, et d'en adresser un exemplaire à toutes les communes du royaume.

TITRE XII.

Force armée.

50. Tout citoyen en état de porter les armes, et ayant vingt ans accomplis, est soldat.

51. Pour être dispensé du service militaire, il faut être infirme ou avoir atteint sa cinquantième année.

52. La force armée se distingue en garde nationale sédentaire, et en garde nationale en activité.

53. Elle est essentiellement obéissante; nul corps d'armée ne peut délibérer.

TITRE XIII.

Récompenses.

54. Il sera accordé des pensions à tous les militaires blessés à la défense de la patrie, ainsi qu'aux veuves et aux enfans des militaires morts sur le champ de bataille ou des suites de leurs blessures.

55. Il sera accordé pareillement des ré-

compenses aux guerriers qui ont rendu des services éclatans, en combattant pour l'état.

56. Les militaires en activité, les officiers et soldats en retraite, les veuves et les officiers pensionnés conservent leurs grades, leurs honneurs, leurs pensions.

57. La noblesse ancienne reprend ses titres; la nouvelle conserve les siens sans hérédité.

58. La légion d'honneur est maintenue avec ses prérogatives. Le roi déterminera la décoration.

TITRE XIV.

Instruction publique.

59. Il y a une école primaire par canton; une école sous-préfecturale par sous-préfecture; et une école préfecturale par chaque préfecture.

60. Il y a pour toute la France un Institut chargé de recueillir les découvertes et de perfectionner les sciences et les arts.

61. L'amour de la patrie, des lois, des bonnes mœurs et de la liberté, forme la base de l'éducation.

TITRE XV.

Relations extérieures.

62. La nation française est l'alliée et l'amie de tous les peuples.

63. Elle ne s'immisce, en aucune manière, dans le gouvernement des autres nations; elle ne souffre pas que les autres s'immiscent dans le sien.

64. Amie de la paix, parce qu'elle empêche l'effusion du sang humain qu'on n'a que trop versé, et qu'en outre elle fait fleurir les sciences et les arts; la nation française déclare et proclame solemnellement qu'elle ne fera jamais la guerre qu'autant qu'elle y serait forcée par des aggressions injustes.

65. Les étrangers établis ou non dans la France, succèdent à leurs parens étrangers ou résidans sur son territoire.

TITRE XVI.

Religion.

66. Il y a dans chaque commune un édifice ou plutôt un temple spécialement consacré à l'Être suprême.

67. Au milieu du temple est une pyramide surmontée de cette inscription :

ADORE DIEU,
OBSERVE LES LOIS, AIME TON PROCHAIN.

68. Les individus dè tout sexe, de tout âge et de toute profession, se rendent au temple, mais volontairement et s'ils le jugent à propos ; l'agent de la commune fait la lecture des lois. Si les papiers publics ont rendu compte de quelques découvertes utiles et tendantes à perfectionner l'agriculture, les sciences et les arts, il en fait part à ses concitoyens, et prononce ensuite un discours sur la morale du citoyen ; c'est-à-dire, sur les devoirs qu'il a à remplir pour être bon fils, bon frère, bon père, bon ami, bon époux, et homme de bien.

69. La nation française, aussi amie de la tolérance que de la paix, décrète et proclame qu'elle garantit la liberté des religions, des cultes et des consciences.

TITRE XVII.

Dipositions générales.

70. Le gouvernement français, monarchique

et héréditaire, se divise en trois corps, savoir :

Le corps législatif, le roi, pouvoir exécutif, et le corps censorial ou sénatorial.

71. La loi est égale pour tous; soit qu'elle punisse, soit qu'elle protége.

72. Les seuls fonctionnaires publics qui ne peuvent dans aucuns cas, ni sous aucuns prétextes, être traduits par-devant le tribunal suprême de justice, sont le roi, les princes de la famille royale et les princes du sang, dont les personnes sont déclarées inviolables et sacrées par les articles 4, 5, 21, 28, 29 et 84.

73. Nul individu ne pourra être inquiété pour ses opinions et ses votes.

74. Les officiers municipaux sont rééligibles indéfiniment; quant aux électeurs et aux membres du corps législatif, ils ne peuvent être réélus, ainsi que les membres de la haute cour qu'après deux ans.

75. La durée de l'exercice des fonctions des juges de paix et du tribunal de commerce, des juges commissaires et greffiers des tribunaux civils, des présidens, accusateurs publics et greffiers des tribunaux criminels, de membres, commissaires et greffiers de la cour

de cassation et des hauts jurés, est fixée à cinq ans, ainsi que celle des préfets et sous-préfets.

76. Les fonctionnaires publics ci-dessus dénommés ne pourront être prorogés dans leurs fonctions, qu'autant qu'ils y seront rappelés par le vœu des assemblées électorales.

77. Le pouvoir judiciaire est indépendant.

78. La liberté politique, civile et individuelle est assurée.

79. La dette publique est garantie. Les ventes des domaines nationaux sont irrévocablement maintenues.

80. Toute personne a le droit d'adresser des pétitions individuelles à toute autorité constituée.

81. Tout fonctionnaire public nommé par une assemblée primaire ou électorale, ne peut être destitué que pour causes prévues par la loi, en vertu d'un jugement rendu par les tribunaux.

82. Il ne peut être porté atteinte au droit de faire prononcer sur les différens, par des arbitres du choix des parties.

83. La décision de ces arbitres est sans appel et sans recours en cassation, si les parties ne l'ont expressément réservé.

84. Un citoyen ne peut être appelé en justice, que dans les cas déterminés par la loi, et selon les formes qu'elle a prescrites.

85. Nul ne peut être distrait des juges que la loi lui assigne, ni être jugé que par une accusation admise par des jurés.

86. Il est expressément défendu sous peine de tous dépens, dommages et intérêts, d'arrêter ou d'incarcérer un citoyen, sans que le cas de son arrestation ou de sa détention, soit prévu par la loi, et expressément consigné dans le mandat d'arrêt, dont on ne peut, sous aucun prétexte, se dispenser de lui donner copie.

87. Toutes rigueurs employées dans les arrestations, détentions ou exécutions, autres que celles prescrites par la loi, sont des crimes.

88. Tout individu légalement arrêté, peut et doit être mis en liberté, pourvu qu'il fournisse caution dans tout état de cause, où il paraît que la peine capitale ne peut être infligée au détenu : le juge et l'huissier qui manqueraient à ces dispositions, seront punis comme coupables de détention arbitraire.

89. En vertu de l'article 10 du titre 3, les citoyens de chaque commune doivent s'as-

sembler tous les ans, afin de faire les élections, à la pluralité des voix, des officiers municipaux.

90. Le roi ne peut empêcher, sous aucun prétexte, la réunion des députés aux époques et dans les circonstances prévues par la constitution, ni les suspendre, ni les dissoudre; ni, en aucune manière, entraver leurs séances et leurs délibérations : ceux qui conseilleraient ou aideraient le monarque dans une tentative, ayant pour but des actes de cette nature, sont déclarés traitres et poursuivis comme tels (2).

91. Tout citoyen a la liberté d'écrire, imprimer et publier ses pensées, sans avoir besoin, pour cela, de licence, de révision ou approbation quelconques antérieurement à la publication, sauf la répression légale des délits qui pourraient résulter de l'abus de cette liberté,

92. Tous les actes du gouvernement sont signés par un ministre. Les ministres sont responsables de tout ce que ces actes contiendraient d'attentatoire aux lois, à la liberté publique et individuelle, et aux droits des citoyens.

93. Les lois actuellement existantes restent

en vigueur jusqu'à ce qu'il y soit légalement dérogé. Le code des lois civiles sera intitulé *Code civil des français.*

94. La présente constitution sera soumise à l'acceptation du peuple français dans la forme qui sera réglée : Louis-Stanislas-Xavier sera proclamé roi de France, aussitôt qu'il aura juré et signé par un acte portant, « je « jure de garder et faire garder la consti- « tution et les lois de la monarchie française. « Si j'agis d'une manière contraire à ce que « j'ai juré, soit en tout, soit en partie, je « ne dois pas être obéi. (3) » Ce serment sera réitéré dans la solemnité où Louis XVIII recevra le serment de fidélité des français.

Signé C. M. R.

NOTES.

(1) Augustes et généreux descendans de Louis XII, d'Henri IV et de Louis XVI! c'est au nom de tous les Français, dont je suis en ce moment l'interprête, que je vous supplie de considérer les articles 4, 5, 21, 28, 29 et 84 du projet de ma constitution, comme un monument expiatoire invisible, mais réel et durable d'un horrible attentat dont j'ai l'intime conviction qu'*aucun* Français ne se fût rendu coupable, sans des causes dont il serait trop affligeant pour des cœurs aussi magnanimes que les vôtres, de rappeler ici l'affreux souvenir.

(2) Si pour me servir encore, et pour la dernière fois, des indulgentes expressions de Louis XVIII, notre auguste monarque, « un grand nombre d'articles du nou-« veau pacte social portent l'empreinte de la *précipita-« tion* avec laquelle ils ont été rédigés, » certes, il faut convenir qu'en revanche, les articles 1, 2, 3, 4, 12, 233, 259, 296, 299, 313 et autres que je pourais citer de la constitution espagnole, promulguée à Cadix, le 29 mars 1812, sont marqués au coin d'une *réflexion* profonde et libérale.

(3) Le serment ci-dessus est, mot pour mot, le même que celui qu'a fait le roi d'Espagne, en acceptant la constitution politique espagnole, promulguée à Cadix, le 19 mars 1812.

FIN DES NOTES.

www.ingramcontent.com/pod-product-compliance
Ingram Content Group UK Ltd.
Pitfield, Milton Keynes, MK11 3LW, UK
UKHW031939260826
14628UKWH00004B/1740

9 782012 462892